Für: Julian
Eine zauberhafte Geschichte
für einen zauberhaften Jungen
Von:

OH NEIN!

Die Zauberer steckten in **großen Schwierigkeiten!**

Eine böse Hexe hatte einen entsetzlichen Zauber ausgesprochen, der das magische Königreich der Zauberer vollständig mit **schmierigem, stinkendem Schleim** verklebte. Alle Zauberer waren darunter gefangen!

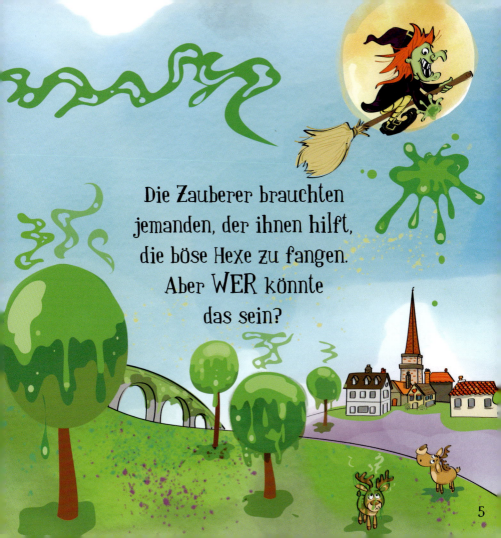

Meister Zaubereule wusste, dass er helfen musste. Also flatterte und flatterte er so schnell er konnte, um den, durch das Teleskop entdeckten, Jungen zu finden.

„HEX, HEX!", rief Julian, während er mit seinem Spielzeug-Zauberstab vor der Schnauze seines Hundes Bello herumwedelte.

„Oh Bello, du sollst dich doch in einen **fliegenden Hund** verwandeln ..."

Julian wollte unbedingt ein richtiger Zauberer sein.

Plötzlich flatterte Meister Zaubereule krächzend durch Julians Zimmerfenster und erzählte Julian (in seinem besten Eulisch) davon, dass die Zauberer in Schwierigkeiten steckten. Er fragte Julian, der sichtlich schockiert war, ob er ihnen helfen könnte.

„Selbstverständlich!",
sagte ein überglücklicher Julian.

So kam es, dass Meister Zaubereule dreimal krächzte, viermal mit den Flügeln schlug und mit einem HEX, HEX erschien plötzlich ein Besen, ein Umhang und ein Zauberstab!

Die böse Hexe flog herum und schmierte alles und jeden mit ihrem ekligen, stinkenden, grünen Glibber ein.

„WAHAHAHA!", gackerte sie, „Bald wird die ganze Welt von meinem stinkenden Schleim bedeckt sein und es gibt keine Zauberer mehr, die mich aufhalten können!"

Plötzlich hörte man Bello laut bellen. Seine super Spürnase hatte die Fährte der bösen Hexe aufgenommen. Aber sie war zu weit weg, sodass Julian noch keinen Zauberspruch aussprechen konnte, um sie aufzuhalten.

Doch **Julian** schlug die Fersen zusammen, packte seinen Besenstiel noch fester und **raste** mit Überschallgeschwindigkeit auf die böse Hexe zu.

Endlich hatte Julian die böse Hexe eingeholt.

„Wer bist denn du?", spottete die böse Hexe und warf einen riesigen Klumpen klebrigen, grünen Schleim in Julians Richtung.

Blitzschnell schwenkte Julian seinen Zauberstab. „ENE MENE 1 2 3 – Schluss jetzt mit der SCHLEIMEREI!", rief er. Ein riesiger Regenschirm in leuchtenden Farben erschien und wehrte den stinkenden Glibber ab.

Die böse Hexe war wütend und feuerte einen weiteren Klumpen stinkenden, grünen Schleim auf Julian ab.

„JETZT IST ES ABER GUT, schick mir deinen Hut!" rief Julian.

Der Hut der Hexe flog ihr vom Kopf und fing den stinkenden, grünen Glibber auf. IGITT!

Die Hexe konnte nicht glauben, was dieser Junge alles zaubern konnte!

„ENE MENE TAUSEND SCHLANGEN,
dein Hut, der nimmt dich jetzt gefangen!",
sprach Julian
einen weiteren Zauberspruch aus.

Der mit Schleim gefüllte Hut der Hexe flog zu ihr zurück, **quetschte** sich über ihren Kopf und entleerte all den stinkenden, grünen Glibber über sie.

HURRA, die böse Hexe war gefangen!

Ein überglücklicher **Julian** brachte die **böse Hexe** in die Burg der Zauberer.

All der glitschige, schmierige, grüne Schleim war nun verschwunden, weil **Julian** den schrecklichen Zauber der bösen Hexe hatte brechen können.

Die Zauberer waren Julian so dankbar, dass sie ihm den Umhang, den Besen UND den Zauberstab schenkten. Julian ist nun endlich ein echter Zauberer.

ZU ENDE